I0014196

Youssef Amri

Vision Industrielle

Youssef Amri

Vision Industrielle

Pilotage de caméras à zoom variable pour le suivi de feux de forêt

Éditions universitaires européennes

Impressum / Mentions légales

Bibliografische Information der Deutschen Nationalbibliothek: Die Deutsche Nationalbibliothek verzeichnet diese Publikation in der Deutschen Nationalbibliografie; detaillierte bibliografische Daten sind im Internet über http://dnb.d-nb.de abrufbar.

Information bibliographique publiée par la Deutsche Nationalbibliothek: La Deutsche Nationalbibliothek inscrit cette publication à la Deutsche Nationalbibliografie; des données bibliographiques détaillées sont disponibles sur internet à l'adresse http://dnb.d-nb.de.

Coverbild / Photo de couverture: www.ingimage.com

Verlag / Editeur:
Éditions universitaires européennes
ist ein Imprint der / est une marque déposée de
OmniScriptum GmbH & Co. KG
Heinrich-Böcking-Str. 6-8, 66121 Saarbrücken, Deutschland / Allemagne
Email: info@editions-ue.com

Herstellung: siehe letzte Seite /
Impression: voir la dernière page
ISBN: 978-3-8417-3773-1

Pilotage de caméras à zoom variable pour le suivi de feux de forêt

Réalisé par :

AMRI YOUSSEF

SOMMAIRE

Liste des figures

Liste des tableaux

Introduction

Les feux de forêt représentent un risque majeur pour de nombreux pays dans le monde. Chaque année, 10 000 km^2 de végétation sont détruits en Europe (notamment en France, Espagne, Grèce et Portugal) et jusqu'à 100 000 km^2 en Amérique du Nord et en Russie. Les feux provoquent des dégâts environnementaux (déforestation, pollution de l'air, émissions de $CO2$ dans l'atmosphère qui représentent 20 % des émissions totales, remise en circulation de métaux lourds et de radionucléides), des pertes économiques (destruction d'habitats et de moyens de lutte) et des pertes humaines parmi le public et les pompiers.

Pour lutter contre les feux de forêt, il est important d'améliorer les moyens de prévention et de lutte ainsi que la compréhension de ce phénomène. Il existe en particulier un besoin d'outil pour prédire la propagation de feu. Des modèles mathématiques ont été développés pour la propagation des feux de surface. L'utilisation de ces modèles nécessite de connaitre les informations sur les caractéristiques géométriques du front du feu telles que : la hauteur, la position, l'inclinaison et la vitesse de propagation. Ces caractéristiques sont aussi utilisées dans des modèles pour déterminer la distance de sécurité pour les pompiers ou encore pour analyser l'efficacité du produit retardant pour le feu.

Des travaux ont essentiellement été conduits dans le domaine de la vision par ordinateur.
Des outils ont été développés pour la mesure en laboratoire mais ne sont pas applicables dans le contexte extérieur. Pour que les mesures puissent être utilisées dans le contexte de feu de forêt, il faut regarder les travaux conduits en extérieur. La vision pour les feux en extérieur présente plusieurs difficultés qui rendent les mesures plus triviales :

- Le feu est un élément non reconductible, donc il est impossible de reproduire deux fois la même expérience pour vérifier la cohérence des résultats.
- Le feu se propage dans un environnement non maitrisé qui donne lieu à des variations de luminosité, d'environnement de travail et de végétation.
- Les feux de forêt ont de grandes dimensions et se propagent sur de grandes distances.
- Le feu se déforme très rapidement.
- Il y a des variations de couleur et présence de fumée.

Prédire le déplacement d'un feu de forêt en temps réel permet de mieux cibler l'intervention tout en protégeant la vie des pompiers. Les modèles mathématiques qui décrivent ces mouvements sont disponibles et on peut les utiliser à condition de connaître la forme du feu. Une façon d'obtenir cette information est la stéréovision. Au début de ce projet, ce système a été composé de caméras à focales fixes et fonctionnant dans le domaine du proche infrarouge et l'infrarouge. Le but de ce travail a été d'utiliser les caméras à zoom variable fonctionnant dans le domaine du visible.

Chapitre I : Développement de programmes sous MATLAB pour la détection et l'acquisition des caméras

I- Programmes de pilotage/acquisition :

I.1 Structuration des programmes de pilotage des caméras à zoom variable et acquisition d'images :

Afin de piloter le zoom (la valeur de la focale) des caméras qu'on va utiliser il faut pouvoir les détecter et définir par la suite les différents paramètres pour le suivi du feu ; Le logiciel utilisé pour cette étape est MATLAB.

Lors de cette étude on a travaillé avec des caméras **DFK 31BF03-Z2.h** de chez ImagingSources qui ont les caractéristiques suivantes :

Capteur	Sony ICX204AK 1/3"
Résolution	1024x768
Taille du pixel	0.00465 mm
Zoom motorisé	
Entrée déclencheur	
Jusqu'à 30 images/s	

Figure 1:Caméra Utilisée lors du projet.

Le programme pour le pilotage des caméras est divisé en trois parties principales :

La première partie, pour la définition des deux caméras sélectionnées (espace couleur, résolution…)

```
vid = videoinput('tisimaq', 1, 'Y800 (1024x768)');   %vérification de la
présence de la camera (disponibilité de la camera)
vid1 = videoinput('tisimaq', 2, 'Y800 (1024x768)');

src = getselectedsource(vid);                        %sélection de la camera
en question
src1 = getselectedsource(vid1);
```

La deuxième partie pour fixer les différentes valeurs des différents paramètres (zoom, focus, ouverture ou diaphragme, trigger).

```
src.Trigger = 'Enable';                      % activation du trigger
vid.FramesPerTrigger = 1;              %nombre de frame par signal du trigger
vid.ReturnedColorspace = 'grayscale'      % définition de l'espace couleur
src.FrameRate = ' 3.75';              % nombre de photo par seconde (fps)
src.Iris = 2400;                             % valeur max du diaphragme
src.Zoom = 0;                                % valeur min du zoom
src.Focus = 370 ;              % valeur du focus pour une image nette à
l'infini
vid.TriggerRepeat = 1;   %nombre d'image à acquérir avec le signal du
trigger

src1.Trigger = 'Enable';                     % activation du trigger
vid1.FramesPerTrigger = 1;             %nombre de frame par signal du
trigger
vid1.ReturnedColorspace = 'grayscale'      % définition de l'espace
couleur
src1.FrameRate = ' 3.75';              % nombre de photo par seconde
(fps)
src1.Iris = 2400;                            % valeur max du diaphragme
src1.Zoom = 0;                               % valeur min du zoom
src1.Focus = 370 ;            % valeur du focus pour une image nette à
l'infini
vid1.TriggerRepeat = 1;  %nombre d'image à acquérir avec le signal du
trigger
```

La troisième pour l'acquisition et l'enregistrement des images acquises par les deux caméras.

```
[filename, pathname] = uiputfile;            % fenetre d'enregistrement
foldername=strcat(filename,'_',datestr(now,'dd-mm-yyyy')); %nommer le répertoire
en ajoutant la date et l'heure de la création
save 'foldername' 'foldername' %sauvegarde du nom du répertoire pour le ré-
utilisation
mkdir(pathname, foldername);    % création d'un sous répertoire
start(vid);                              %lancer l'acquisition
start(vid1);
for i = 1:vid.TriggerRepeat %boucle pour enregistrer les images à chaque
acquisition
    [im1,time1,abstime1]  = getdata(vid);
  [im2,time2,abstime2] = getdata(vid1);

imwrite(im1,strcat(pathname,foldername,'\','cam_G_11210344','_',num2str(i),'_',n
um2str(abstime1.AbsTime(4)),'-',num2str(abstime1.AbsTime(5)),'-
',num2str(abstime1.AbsTime(6)),'.jpg'));

imwrite(im2,strcat(pathname,foldername,'\','cam_D_11210345','_',num2str(i),'_',n
um2str(abstime2.AbsTime(4)),'-',num2str(abstime2.AbsTime(5)),'-
',num2str(abstime2.AbsTime(6)),'.jpg'));

end
clear im2        %vider la mémoire de la caméra
clear im1
```

Au début, pour tester le programme, une seule caméra a été utilisée avec le signal TTL* :

Figure 2 :Photo du test d'acquisition avec une seule caméra

*C'est un signal qui va servir à trigger les deux caméras pour que le déclenchement de l'acquisition des deux caméras soit fait en même temps.

Après le programme a été adapté aux deux caméras :

Figure 3: Photo du test d'acquisition avec deux caméras

L'image suivante montre la première étape de l'exécution du programme qui consiste à choisir le répertoire d'enregistrement des images :

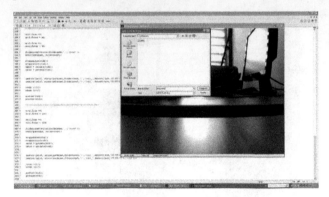

Figure 4: choix du répertoire d'enregistrement

L'image suivante montre la création des sous-répertoires pour l'enregistrement des images pour chaque zoom. Le programme propose à l'utilisateur le répertoire d'enregistrement ainsi que le nom de ce dernier, par la suite le programme crée ce répertoire d'origine en y enregistrant les images du début, par la suite pour chaque changement de zoom il y aura création d'un nouveau répertoire portant le nom choisi et la valeur du zoom (exemple : si le nom choisi est 'acquisition' il y aura un répertoire 'acquisition' et s'il y a changement de zoom '1 ou 2 ou 3..' un répertoire 'acquisition_zoom1 ou 2 ou 3' sera crée) .

Figure 5: exemple de création des répertoires d'enregistrement

Après ces différentes étapes on obtient, dans le répertoire créé, les images avec comme nom (cam_D ou cam_G + N° de série + l'heure d'acquisition en H, MN, S et mS.

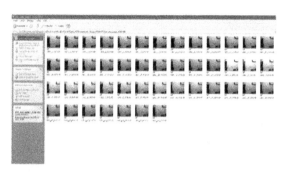

Figure 6: Enregistrement des images.

I.2 Détermination de la valeur du focus permettant d'obtenir des images nettes à l'infini :

Afin de déterminer la valeur du focus permettant d'être net à l'infini, nous avons fixé la valeur max du zoom (zoom = 15) et la valeur max du diaphragme (diaphragme = 2400).

La valeur du focus varie entre 0 et 379 et cela joue sur le flou de l'image donc on a cherché à fixer cette valeur pour toutes les valeurs de zoom afin d'avoir une valeur qui nous permettra d'avoir des images nettes peu importe le zoom.

Lors de ce test, on a varié la valeur du focus de 0 à 379 avec un zoom = 15 en visant un objet se trouvant à une très grande distance de la caméra (objet considéré à l'infini). La valeur qui a permis la netteté à l'infini est 370.

L'objet choisi est à une distance égale à environ 1500m de la caméra.

Les images suivantes montrent l'expérience :

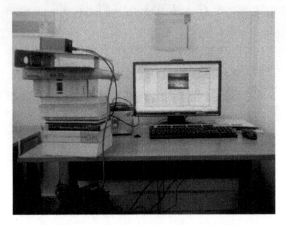

Figure 7: test pour la détermination de la valeur du focus

L'image obtenue, qui nous a permis de trouver cette valeur de focus, est la suivante :

Figure 8: Image acquise lors du test

I.3 Programmes définitifs de pilotage de caméras à zoom variable et d'acquisition d'images :

Pour les caméras noir et blanc le programme qui pilote le zoom et acquiert les images est le suivant :

```
vid = videoinput('tisimaq', 1, 'Y800 (1024x768)');    %vérification de la présence
de la camera (disponibilité de la camera)
vid1 = videoinput('tisimaq', 2, 'Y800 (1024x768)');
```

13

```
src = getselectedsource(vid);                    %sélection de la camera en
question
src1 = getselectedsource(vid1);

src.Trigger = 'Enable';                          % activation du trigger
vid.FramesPerTrigger = 1;              %nombre de frame par signal du trigger
vid.ReturnedColorspace = 'grayscale'     % définition de l'espace couleur
src.FrameRate = ' 3.75';                 % nombre de photo par seconde (fps)
src.Iris = 2400;                              % valeur max du diaphragme
src.Zoom = 0;                          % valeur min du zoom src.Focus =
370 ;             % valeur du focus pour une image nette à l'infini
vid.TriggerRepeat = 1;  %nombre d'image à acquérir avec le signal du trigger

src.Trigger = 'Enable';                          % activation du trigger
vid.FramesPerTrigger = 1;              %nombre de frame par signal du trigger
vid.ReturnedColorspace = 'grayscale'     % définition de l'espace couleur
src.FrameRate = ' 3.75';                 % nombre de photo par seconde (fps)
src.Iris = 2400;                              % valeur max du diaphragme
src.Zoom = 0;                          % valeur min du zoom src.Focus =
370 ;             % valeur du focus pour une image nette à l'infini
vid.TriggerRepeat = 1;  %nombre d'image à acquérir avec le signal du trigger

src1.Trigger = 'Enable';                          % activation du trigger
vid1.FramesPerTrigger = 1;              %nombre de frame par signal du trigger
vid1.ReturnedColorspace = 'grayscale'     % définition de l'espace couleur
src1.FrameRate = ' 3.75';                 % nombre de photo par seconde (fps)
src1.Iris = 2400;                              % valeur max du diaphragme
src1.Zoom = 0;                          % valeur min du zoom src1.Focus =
370 ;             % valeur du focus pour une image nette à l'infini
vid1.TriggerRepeat = 1;  %nombre d'image à acquérir avec le signal du trigger

[filename, pathname] = uiputfile;            % fenetre d'enregistrement
foldername=strcat(filename,'_',datestr(now,'dd-mm-yyyy')); %nommer le répertoire
en ajoutant la date et l'heure de la création
save 'foldername' 'foldername' %sauvegarde du nom du répertoire pour le ré-
utilisation
mkdir(pathname, foldername);   % création d'un sous répertoire
start(vid);                              %lancer l'acquisition
start(vid1);
for i = 1:vid.TriggerRepeat %boucle pour enregistrer les images à chaque
acquisition
    [im1,time1,abstime1] = getdata(vid);
  [im2,time2,abstime2] = getdata(vid1);

imwrite(im1,strcat(pathname,foldername,'\','cam_G_11210344','_',num2str(i),'_',n
um2str(abstime1.AbsTime(4)),'-',num2str(abstime1.AbsTime(5)),'-
',num2str(abstime1.AbsTime(6)),'.jpg'));

imwrite(im2,strcat(pathname,foldername,'\','cam_D_11210345','_',num2str(i),'_',n
um2str(abstime2.AbsTime(4)),'-',num2str(abstime2.AbsTime(5)),'-
',num2str(abstime2.AbsTime(6)),'.jpg'));

end
clear im2        %vider la mémoire de la caméra
clear im1
```

Pour changer la valeur du zoom (focale) et le nombre d'images à acquérir on change les paramètres soulignés dans le programme ci-dessus ; **src(1).Zoom et vid(1).TriggerRepeat.**

Le programme pour le pilotage et l'acquisition des images pour les cameras couleurs
est le suivant :

```
clear all;
close all;
clc;

vid = videoinput('tisimaq', 1, 'BY8 (1024x768)');   %vérification de la présence
de la camera (disponibilité de la camera)
vid1 = videoinput('tisimaq', 2, 'BY8 (1024x768)');

src = getselectedsource(vid);                        %sélection de la camera en
question
src1 = getselectedsource(vid1);

src.Trigger = 'Enable';                              % activation du trigger
vid.FramesPerTrigger = 1;                            %nombre de frame par signal du
trigger
vid.ReturnedColorspace = 'rgb';                      % définition de l'espace couleur
src.FrameRate = ' 3.75';                             % nombre de photo par seconde
(fps)
src.Iris = 2400;                                     % valeur max du diaphragme
src.Zoom =0;                                         % valeur du zoom
src.Focus = 370;                                     % valeur max du focus pour une
image nette à l'infini
vid.TriggerRepeat = 1;                               %nombre d'image à acquérir avec le
signal du trigger


src1.Trigger = 'Enable';
vid1.FramesPerTrigger = 1;
vid1.ReturnedColorspace = 'rgb';
src1.FrameRate = ' 3.75';
src1.Iris = 2400;
src1.Zoom = 0;
src1.Focus = 370;
vid1.TriggerRepeat =1;


preview(vid1);
preview(vid);

[filename, pathname] = uiputfile;                    % fenetre d'enregistrement
foldername=strcat(filename);                         %nommer le répertoire en ajoutant la date et
l'heure de la création
save 'foldername' 'foldername'                       %sauvegarde du nom du répertoire pour la ré-
utilisation
save 'pathname' 'pathname'
mkdir(pathname, foldername);                          % création d'un sous
répertoire

start(vid);                                          %lancer l'acquisition
start(vid1);
for i = 1:vid.TriggerRepeat                          %boucle pour enregistrer les images à
chque acquisition
    [im1,time1,abstime1]  = getdata(vid);
```

15

```
    [im2,time2,abstime2] = getdata(vid1);

imwrite(im1,strcat(pathname,foldername,'\','cam_G_11210334','_',num2str(i),'_',n
um2str(abstime1.AbsTime(4)),'-',num2str(abstime1.AbsTime(5)),'-
',num2str(abstime1.AbsTime(6)),'.jpg'));

imwrite(im2,strcat(pathname,foldername,'\','cam_D_11210337','_',num2str(i),'_',n
um2str(abstime2.AbsTime(4)),'-',num2str(abstime2.AbsTime(5)),'-
',num2str(abstime2.AbsTime(6)),'.jpg'));
end

clear im2        %vider la mémoire de la caméra
clear im1
```

Chapitre II : Relation zoom-focale

I- Relation zoom-focale :

Les caméras considérées dans cette étude ont une focale qui peut varier de 5 mm à 55.5 mm mais la valeur de la focale ne peut pas être directement programmée. Seule la valeur du zoom est accessible. Une étude a été réalisée pour déterminer la relation zoom-focale pour chacune des caméras et la répétabilité de programmation des zooms.

II.1 Calibrage avec grille à cercles concentriques et méthode de calibrage (à l'aide d'un programme fait au laboratoire) :

Le calibrage permet de trouver les paramètres intrinsèques de chaque caméra (longueur focale, taille des pixels, point principal) ainsi que les paramètres extrinsèques de la paire stéréoscopique (rotation et translation). Les paramètres intrinsèques et extrinsèques peuvent varier à cause des vibrations ou d'une variation de température. C'est pourquoi le calibrage se fait habituellement dans l'environnement où les reconstructions seront effectuées. Pourtant, il est souvent plus pratique de procéder à un calibrage en laboratoire plutôt que sur le terrain.

Un calibrage des caméras a été fait pour plusieurs valeurs de zoom (1, 3, 5, 7, 9, 11, 13, 15) afin de déterminer la focale correspondant à chaque valeur de zoom testée. Une grille de 1 m x 1 m présentant des cercles concentriques (figure 8) a été utilisée ainsi que la méthode de calibrage du CMCU.

Les focales horizontale et verticale de chaque caméra sont obtenues en pixel par la méthode de calibrage CMCU et sont ensuite converties en mm en utilisant la taille de pixel en millimètre du capteur de la caméra qui est de 0.00465 mm.

Caméras couleur:

Cam1 = (N°11210334).

Cam2 = (N°11210337).

Caméras Noir et blanc :

Cam1 = (N°11210344).

Cam2 = (N°11210345).

Grille utilisée :

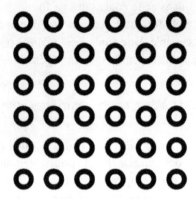

Figure 9: grille de calibrage

Pour le calibrage, on a procédé à l'acquisition de 15 images au minimum par caméra pour augmenter la précision de la valeur de la focale donnée par le programme.

Les images suivantes montrent des exemples de positionnement de la grille lors du calibrage:

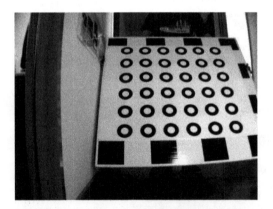

Figure 10: Exemple de positionnement de la grille

Figure 11: Exemple de positionnement de la grille

Figure 12: Exemple de positionnement de la grille

Figure 13: Exemple de positionnement de la grille

Les images suivantes montrent les étapes de calibrage :

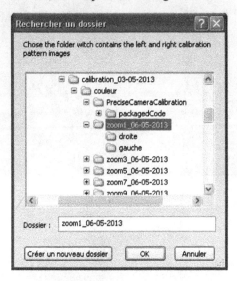

Figure 14: Choix du répertoire

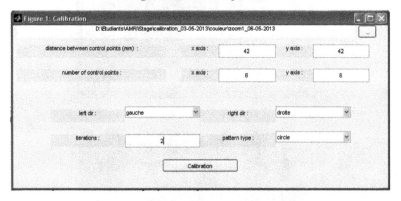

Figure 15: Saisie des données pour le calibrage

Remarque :

Dans l'image précédente on choisit dans 'left dir' le répertoire contenant les images acquises par la caméra gauche et 'right dir' pour les images droites, cela servira par la suite à la reconstruction 3D et au recalage de points

Figure 16 : Clique sur les cotés de la grille

Figure 17 : repérage du centre de chaque anneau

Remarque :

L'étape de calibrage nous a permis d'avoir une équivalence zooms focales pour les deux caméras couleur mais il fallait avoir des valeurs références, d'où l'utilisation de la formule suivante pour le calcul des focales à partir de la distance caméras-objet, de la largeur du capteur CCD et de la largeur de l'objet considéré.

Cette étape n'utilise pas le programme de calibrage.

La formule est la suivante :

$$F = D * \frac{L_{CCD}}{(L_{Obj} + L_{CCD})}$$

F : focale (mm).

D : distance caméras-objet.

L_{CCD} : largeur du capteur.

L_{Obj} : largeur de l'objet.

II.2.Focales calculées :

A partir de la formule $F = D * \dfrac{L_{CCD}}{(L_{Obj} + L_{CCD})}$ on a pu calculer les valeurs des focales en mesurant la distance D qui sépare la caméra de l'objet ($L_{\_Obj}$=252mm).

Le tableau suivant montre les différentes valeurs calculées ainsi que les valeurs obtenues par calibrage pour les deux caméras couleur.

Caméra Couleur N°11210337				
Zoom	Distance caméra-objet (mm)	Focale (mm) (calibrage)	Focale (mm) (calcul)	Ecart (mm)
0	219	4,92	4,927075252	0
1	224	5,02	5,039565555	0,01
2	262	6,09	5,894491854	0,20
3	313	6,59	7,04189294	0,45
4	380	8,17	8,549262995	0,36
5	468	9,83	10,52909232	0,69
6	581	11,26	13,07137316	1,81
7	732	14,61	16,46858029	1,85
8	947	18,84	21,3056633	2,46
9	1248	25,38	28,07757952	2,69
10	1477	28,98	33,22963538	4,24
11	1685	31,21	37,90923196	6,69
12	1962	41,11	44,14119472	3,03
13	2120	43,44	47,69588829	4,25
14	2270	47,44	51,07059736	3,63
15	2470		55,57020946	
Caméra Couleur N°11210334				
Zoom	Distance caméra-objet (mm)	Focale (mm) (calibrage)	Focale (mm) (calcul)	Ecart (mm)
0	212	4,91	4,769588829	0,15
1	223	5,03	5,017067494	0,02
2	260	6	5,849495733	0,16
3	312	6,59	7,01939488	0,42
4	381	8,17	8,571761055	0,40
5	465	9,72	10,46159814	0,74
6	578	11,83	13,00387898	1,17
7	732	14,86	16,46858029	1,6
8	942	19,04	21,193173	2,15
9	1241	25,48	27,9200931	2,44
10	1474	28,76	33,16214119	4,40
11	1687	31,91	37,95422808	6,04
12	1962	41,16	44,14119472	2,98
13	2120	43,35	47,69588829	4,34
14	2270	47,64	51,07059736	3,43
15	2470		55,57020946	

Tableau 1: Focales calculées.

On a tracé par la suite les courbes de correspondance zoom-focale pour chaque caméra. Ces courbes vont nous servir comme référence pour connaitre la valeur de la focale correspondant à chaque valeur de zoom pour chaque caméra.

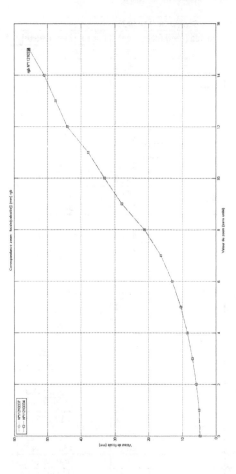

Figure 18: Courbe de correspondance zoom-focale (calculée)

On remarque que les valeurs sont presque les mêmes, cela va faciliter le traitement des images par la suite car on aura la même valeur de focale.

Par la suite nous avons procédé à un test de répétabilité afin d'établir si, à partir d'une même valeur de zoom, on obtenait une même valeur de focale et avec quelle précision et afin d'avoir une valeur moyenne de focale avec laquelle on travaillera par la suite.

Chapitre III : Répétabilité

Définition :

La répétabilité est la qualité d'une mesure qui donne le même résultat si on la répète dans des conditions identiques et dans un court intervalle de temps.

Travail effectué et utilité :

Pour cette étape on a procédé au calibrage pour chaque zoom (zoom allant de 0 à 10) et répété cette étape 4 fois en gardant les mêmes conditions d'acquisition pour chacune des caméras couleur.

Puis, on a calculé la moyenne des focales ainsi que l'écart-type pour chaque caméra et on a dressé les tableaux suivants :

Caméra N°11210337						
Focales horizontales (mm)						
Zoom	Prise 1	Prise 2	Prise 3	Prise 4	Moyenne	Ecart-type
0	5,019737411	5,01521093	4,94159392	5,02430127	**5,00021088**	0.0297
1	5,09196516	5,10791906	5,08956384	5,54158294	**5,20775775**	0.0500
2	5,813778395	5,81304231	5,81033676	6,27097653	**5,9270335**	0
3	6,9051236	6,85230569	6,84030315	7,25932778	**6,96426505**	0.0500
4	8,169529977	8,16438488	8,09803178	8,72052343	**8,28811752**	0.0500
5	9,96443584	9,62667887	9,90222258	10,5358933	**10,0073076**	0.1414
6	12,22766788	11,9057353	12,125481	13,2255573	**12,3711104**	0.2161
7	15,57095578	15,6358607	15,2381211	17,117085	**15,8905057**	0.2872
8	20,61781317	20,8928634	20,2113166	20,5662903	**20,5720709**	0.9000
9	27,33545623	27,8924208	27,3560126	27,743084	**27,5817434**	1.0145
10	29,1853576	31,8609013	32,0783554	35,5091938	**32,158452**	1.7261

Tableau 2: Calibrage et répétabilité de la caméra N°11210337

Caméra N°11210334						
Focales horizontales (mm)						
Zoom	Prise 1	Prise 2	Prise 3	Prise 4	Moyenne	Ecart-type
0	5,040606567	4,97683687	4,92591805	5,02446742	**4,99195723**	0.0286
1	5,094817503	5,09433064	5,13681358	5,1496245	**5,11889656**	0.0577
2	5,8187829	5,88173835	5,80676409	5,83993721	**5,83680564**	0.0500
3	6,91175644	6,99771577	6,84251831	6,78979403	**6,88544614**	0.0957
4	8,161617701	8,11323204	8,15065705	8,13824522	**8,140938**	0
5	9,919574269	9,64818501	9,9723361	9,9114147	**9,86287752**	0.1500
6	12,49686411	11,9456505	12,2125915	12,3995201	**12,2636565**	0.2217
7	15,56797409	15,5446698	15,3561568	16,045386	**15,6285467**	0.2887
8	21,24025588	21,3205125	20,4502466	21,3154676	**21,0816207**	0.5333
9	26,93660072	27,9841246	27,5923411	25,942589	**27,1139139**	0.9836
10	30,53637742	31,1639182	31,6638114	33,4566609	**31,705192**	1.4546

Tableau 3: Calibrage et répétabilité de la caméra N°11210334

Ce tableau nous a permis de tracer la courbe de correspondance zoom-focale avec la valeur moyenne des focales et les écart-types pour les comparer aux valeurs calculées.

Ces valeurs moyennes vont nous aider à programmer les valeurs de zoom des deux caméras afin de suivre l'objet (exemple : feu).

Cette étape va nous permettre, par la suite, d'avoir la largeur de cet objet qui occupe un pourcentage donné choisi par l'utilisateur dans l'image.

Les courbes de correspondance zoom-focale sont les suivantes :

On y trouve la courbe des valeurs moyennes ainsi que les valeurs qu'on a calculées et l'écart-type.

On a remarqué que les valeurs des focales calculées sont comprises dans l'intervalle des valeurs obtenues par calibrage, donc on en a déduit que tous les tests(calibrage, répétabilité, calcul en utilisant la formule) pour déterminer la valeur de la focale nous donnent un intervalle qui tourne autour d'une valeur qui est la valeur moyenne.

Pour toutes les étapes qui suivent on a travaillé avec les valeurs moyennes des focales obtenues par calibrage.

Ces valeurs moyennes seront intégrées dans une interface MATLAB qui pilotera les zooms des deux caméras couleur.

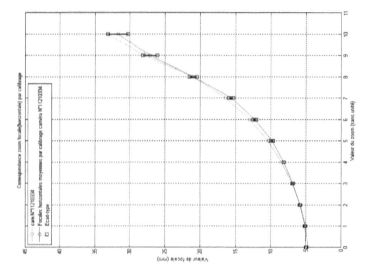

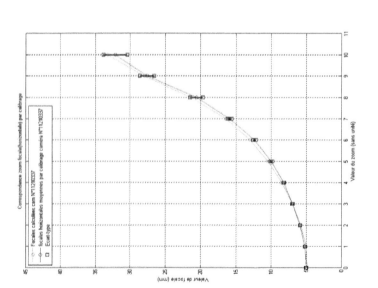

Figure 19: Correspondance zoom-focale par calibrage.

Chapitre IV : Etude de la focale à programmer en fonction des dimensions de l'objet à suivre et de la distance caméras – objet

Objectif :

Cette étude est réalisée afin de pouvoir définir un ensemble fini de valeurs de focales (et donc de zooms) à préprogrammer dans les caméras à zoom variable pour suivre l'évolution d'un objet (de dimension maximale connue) au cours de son mouvement sur une distance connue. Cet étude doit permettre de déterminer quelles sont les focales qui permettent d'avoir des images dans lesquelles l'objet occupe toujours entre 80 % et 100 % de la largeur de l'image (car l'objet est plus large que haut dans notre cas).

Dans notre étude, l'objet à suivre est une maquette de feu de dimensions maximales (90cm en hauteur et 1,9 m en largeur), la distance caméra- objet varie entre 10.8 m et 37.8 m, le capteur CCD a les dimensions suivantes : 4.92mm en hauteur et 5.8mm en largeur et les images ont une résolution de 1024x768pixel.

La formule suivante lie la focale d'une caméra à la distance d'un objet, à sa largeur (ou hauteur) maximale et à la largeur (ou hauteur) du capteur CCD de la caméra utilisée :

$$F = D * \frac{H_{CCD}}{H_{Obj} + H_{CCD}}$$

Où :

F: La valeur de la focale de la caméra (mm).
D : Distance caméra feu (m).
H_{CCD} : hauteur du capteur de la caméra (mm)
H_{Obj} : hauteur max. de l'objet (mm)

A la distance D, l'objet occupe 100 % de l'image en hauteur (ou en largeur suivant les paramètres choisis pour calculer la formule).

Dans le cadre de notre étude, cette formule s'écrit :

$$F = D * \frac{5.8}{1900 + 5.8}$$

Nous supposons que nous pouvons utiliser cette formule pour estimer, pour une focale donnée, la distance au-delà de laquelle l'objet occupe moins de 80 % de la largeur de l'image

La formule utilisée pour obtenir cette valeur est :

$$D0.8 = F * \frac{(1900 + (5.8 * 0.8))}{5.8 * 0.8}$$

Afin de valider cette hypothèse, nous avons réalisé une expérience dans laquelle la focale a été fixée à 25 mm (valeur de zoom = 9) et nous avons fait varier la distance objet – caméra. Des acquisitions d'images ont été réalisées pour les deux caméras à zoom variable couleur distantes de 45 cm.

Les figures suivantes montrent cette expérience.

Figure 20:Expérience pour le calcul des plages de distance.

Figure 21:Expérience pour le calcul des plages de distance.

Les résultats obtenus sont présentés dans la courbe ci-après :

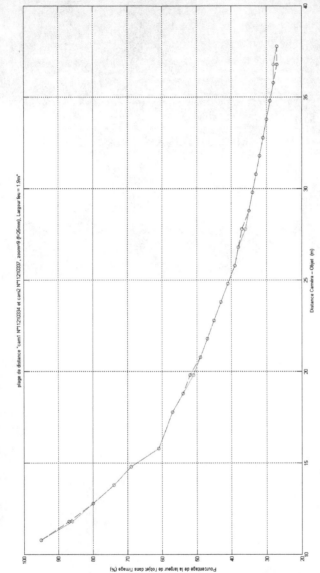

Figure 22:·Courbe du pourcentage de largeur occupée en fonction de la distance caméras-objet.

I- Calcul des plages de largeur en fonction de la distance caméras-feu et des focales :

Après avoir choisi les focales à utiliser, on procède à l'étude de la distance caméras-feu pour le suivi du feu.

On a procédé à un test pour valider la formule utilisée pour le calcul des plages de largeur en fonction de la distance caméras-feu et des focales.

Ce test a été fait dans le laboratoire avec une caméra de focale fixe de 6mm pour un feu de largeur 1.9m.

Ce test nous a permis de valider la formule qui a été utilisée par la suite.

Les courbes suivantes montrent les différentes distances pour chaque zoom ainsi que le pourcentage de largeur (largeur du feu qui occupe l'image) pour chaque caméra en utilisant la formule suivante :

$$Distance_{caméra-feu} = Focale * \frac{(Largeur_{FEU} + Largeur_{CCD})}{Largeur_{CCD}}$$

Cette formule est utilisée pour avoir une largeur de feu qui occupe 100% de la largeur de l'image et peut être modifiée pour avoir les distances qui donnent 30, 50, 70 ou 80% de la largeur de l'image occupée par le feu.

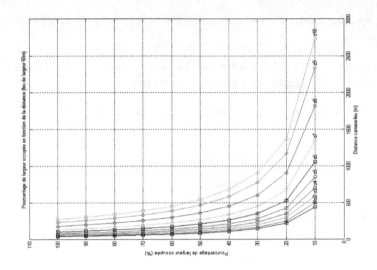

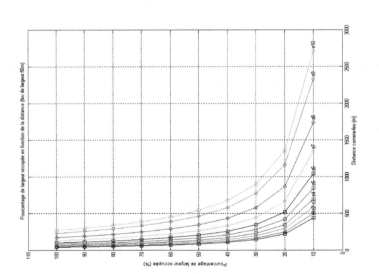

Figure 23:Pourcentage de la largeur occupée en fonction de la distance caméras-objet pour les zooms 0 à 10

37

En sélectionnant seulement la plage de largeur entre 80 et 100% on obtient les courbes suivantes :

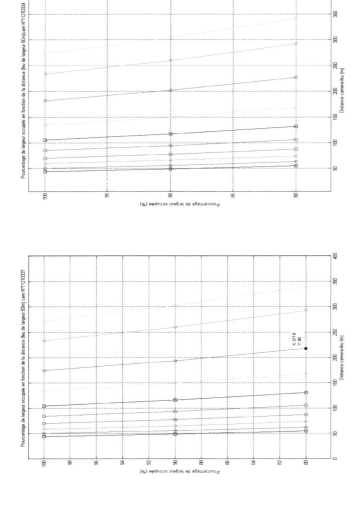

Figure 24: Plage de largeur entre 80 et 100%

A partir de la dernière courbe on va pouvoir connaitre les valeurs de zoom à programmer afin de suivre l'objet et afin que ce dernier occupe 80 à 100% de l'image.

II-   Interfaces et programmes de pilotage :

On a programmé une interface sous MATLAB afin de tracer les différents jeux de courbes pour différentes largeurs du feu et différentes plages de distances :

Le premier exemple est un feu de largeur 1.9m qui part d'une distance caméra feu de 3m jusqu'à 40m.

Le deuxième exemple est un feu de largeur 10m qui part d'une distance caméra feu de 10m jusqu'à 40m.

Le troisième exemple est un feu de largeur 50m qui part d'une distance caméra feu de 12m jusqu'à 300m.

➔ Ces différents exemples vont nous donner les valeurs de zoom à utiliser pour visualiser la largeur du feu entre 80% et 100% dans les images qu'on va acquérir.

C'est à l'aide de l'interface que les courbes ont été tracées :

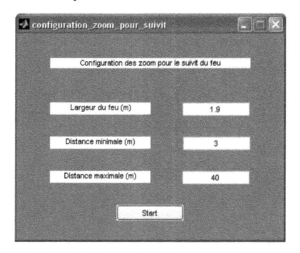

Figure 25: traçage des courbes de pourcentage de largeur pour un feu de largeur = 1,9m.

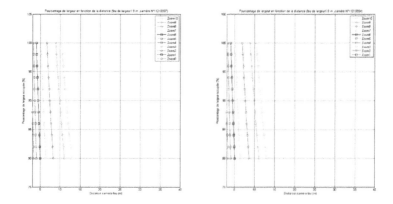

Figure 26: courbe de pourcentage de largeur en fonction de la distance caméra-feu pour une largeur de feu=1,9m.

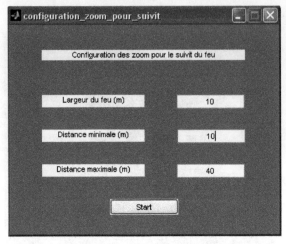

Figure 27: traçage des courbes de pourcentage de largeur pour un feu de largeur = 10m.

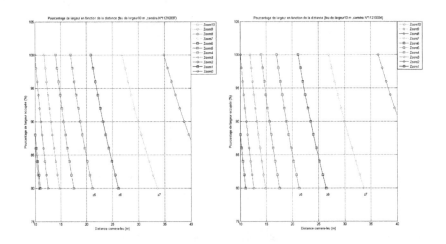

Figure 28: courbe de pourcentage de largeur en fonction de la distance caméra-feu pour une largeur de feu=10m.

41

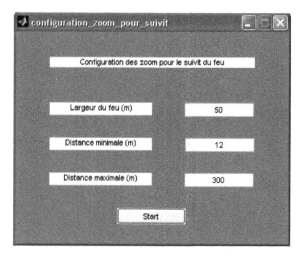

Figure 29: traçage des courbes de pourcentage de largeur pour un feu de largeur = 50m.

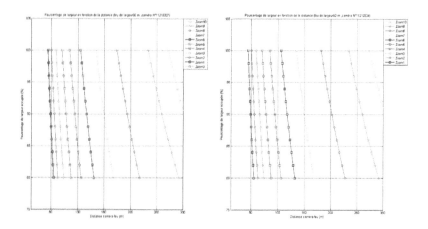

Figure 30: courbe de pourcentage de largeur en fonction de la distance caméra-feu pour une largeur de feu=50m.

On a programmé une deuxième interface en y intégrant la première qui calcule les plages de distances et qui affiche les courbes des plages de pourcentage (entre 80 et 100%) en fonction des distances.

Cette interface fait appel aussi aux deux programmes de pilotage de zoom selon sa direction (avancement ou recul).

Cette dernière est représentée dans la figure suivante :

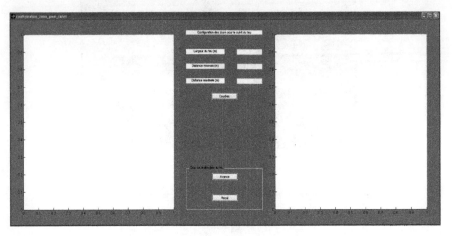

Figure 31:interface pour le pilotage du zoom des caméras.

Cette interface a été modifiée et on a ajouté le choix des distances caméras-objet (distance max et distance min) connues par l'utilisateur.

Cette interface, après traçage des courbes, extrait les valeurs de zoom à programmer (seulement les valeurs utiles à un certain cas de figures selon le besoin de l'utilisateur) et les intègre au programme de pilotage pour le suivi du feu.

L'interface est la suivante :

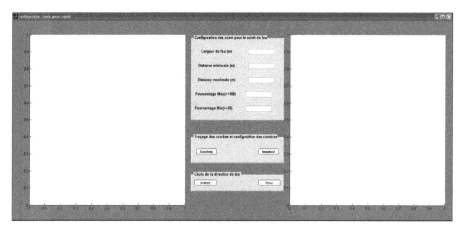

Figure 32 : interface de pilotage du zoom des caméras.

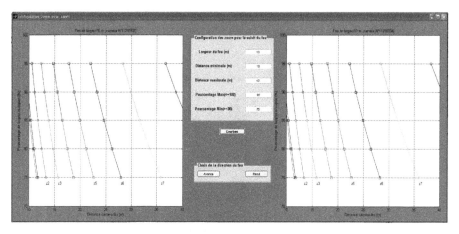

Figure 33: exemple d'utilisation de l'interface.

Nous avons testé cette interface, selon des besoins bien déterminés dans le laboratoire (objet de largeur 252mm) et les résultats ont été assez satisfaisants : en effet, on arrive à suivre l'objet en acquérant des images de l'objet avec le pourcentage voulu.

En premier, le programme, après traçage des courbes et extraction des valeurs à programmer, crée les répertoires dans l'emplacement choisi par l'utilisateur et

44

commence à acquérir les images et à changer le zoom des caméras selon le pourcentage de largeur occupé dans l'image.

A chaque changement de zoom le programme enregistre les images dans le répertoire du zoom en question.

Les images de ce test sont les suivantes :

Figure 34:Création des répertoires d'enregistrement.

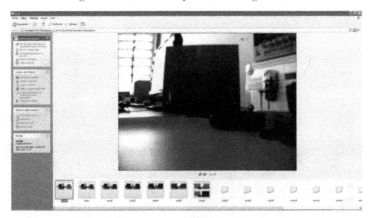

Figure 35:enregistrement des images selon le zoom.

Conclusion

Au cours de cette étude, j'ai travaillé sur les caméras à zoom variable de chez ImagingSources dans le cadre du projet feu de forêt au sein de l'équipe « feux de forêt » de l'Unité Mixte de Recherche CNRS 6134 Sciences pour l'Environnement – Université de Corse.

J'ai réussi à piloter le zoom des caméras pour le suivi du feu. J'ai programmé une interface qui, selon le besoin de l'utilisateur, fixe les zooms à programmer et pilote les caméras selon la distance caméras-feu.

Dans cette interface, pour l'extraction des caractéristiques du feu et son étude pour la prévention, une partie segmentation du feu sur le terrain sera intégrée. Cette dernière aura pour rôle de donner l'ordre au programme de choisir s'il faut changer le zoom ou pas, selon le pourcentage de la largeur occupée.

Après le pilotage des caméras et le suivi, on a voulu ajouter à notre système une reconstruction 3D du feu à partir des images prises par les deux caméras mais cela dépendait de la partie segmentation et des conditions d'acquisition des images.

Documents Utilisés

- Rapport de stage de Tom Toulouse « **Estimation de caractéristiques géométriques de feux en propagation à partir d'images stéréoscopiques obtenues dans le proche infrarouge** »

- Rapport qui porte sur le **Calibrage d'un système stéréoscopique à faible distance pour utilisation à grande distance à l'aide de l'algorithme CMU** du Département de génie électrique et de génie informatique à l'Université Laval au Québec.

Annexe

Le programme de l'interface principale est le suivant :

```
function varargout = configuration_zoom_pour_suivit(varargin)
% CONFIGURATION_ZOOM_POUR_suivi M-file for
configuration_zoom_pour_suivi.fig
%       CONFIGURATION_ZOOM_POUR_suivi, by itself, creates a new
CONFIGURATION_ZOOM_POUR_suivi or raises the existing
%       singleton*.
%
%       H = CONFIGURATION_ZOOM_POUR_suivi returns the handle to a new
CONFIGURATION_ZOOM_POUR_suivi or the handle to
%       the existing singleton*.
%
%
CONFIGURATION_ZOOM_POUR_suivi('CALLBACK',hObject,eventData,handles,...)
calls the local
%       function named CALLBACK in CONFIGURATION_ZOOM_POUR_suivi.M with the
given input arguments.
%
%       CONFIGURATION_ZOOM_POUR_suivi('Property','Value',...) creates a new
CONFIGURATION_ZOOM_POUR_suivi or raises the
%       existing singleton*.  Starting from the left, property value pairs
are
%       applied to the GUI before configuration_zoom_pour_suivi_OpeningFcn
gets called.  An
%       unrecognized property name or invalid value makes property
application
%       stop.  All inputs are passed to
configuration_zoom_pour_suivi_OpeningFcn via varargin.
%
%       *See GUI Options on GUIDE's Tools menu.  Choose "GUI allows only
one
%       instance to run (singleton)".
%
% See also: GUIDE, GUIDATA, GUIHANDLES

% Edit the above text to modify the response to help
configuration_zoom_pour_suivi

% Last Modified by GUIDE v2.5 24-Jul-2013 16:29:15

% Begin initialization code - DO NOT EDIT
gui_Singleton = 1;
gui_State = struct('gui_Name',       mfilename, ...
                   'gui_Singleton',  gui_Singleton, ...
                   'gui_OpeningFcn',
@configuration_zoom_pour_suivi_OpeningFcn, ...
                   'gui_OutputFcn',
@configuration_zoom_pour_suivi_OutputFcn, ...
                   'gui_LayoutFcn',  [] , ...
                   'gui_Callback',   []);
if nargin && ischar(varargin{1})
    gui_State.gui_Callback = str2func(varargin{1});
end

if nargout
```

```
     [varargout{1:nargout}] = gui_mainfcn(gui_State, varargin{:});
else
    gui_mainfcn(gui_State, varargin{:});
end
% End initialization code - DO NOT EDIT


% --- Executes just before configuration_zoom_pour_suivi is made visible.
function configuration_zoom_pour_suivi_OpeningFcn(hObject, eventdata,
handles, varargin)
% This function has no output args, see OutputFcn.
% hObject    handle to figure1
% eventdata  reserved - to be defined in a future version of MATLAB
% handles    structure with handles and user data (see GUIDATA)
% varargin   command line arguments to configuration_zoom_pour_suivi (see
VARARGIN)

% Choose default command line output for configuration_zoom_pour_suivi
handles.output = hObject;

% Update handles structure
guidata(hObject, handles);

% UIWAIT makes configuration_zoom_pour_suivi wait for user response (see
UIRESUME)
% uiwait(handles.figure1);


% --- Outputs from this function are returned to the command line.
function varargout = configuration_zoom_pour_suivi_OutputFcn(hObject,
eventdata, handles)
% varargout  cell array for returning output args (see VARARGOUT);
% hObject    handle to figure1
% eventdata  reserved - to be defined in a future version of MATLAB
% handles    structure with handles and user data (see GUIDATA)

% Get default command line output from handles structure
varargout{1} = handles.output;


function edit1_Callback(hObject, eventdata, handles)
% hObject    handle to edit1 (see GCBO)
% eventdata  reserved - to be defined in a future version of MATLAB
% handles    structure with handles and user data (see GUIDATA)

% Hints: get(hObject,'String') returns contents of edit1 as text
%        str2double(get(hObject,'String')) returns contents of edit1 as a
double


% --- Executes during object creation, after setting all properties.
function edit1_CreateFcn(hObject, eventdata, handles)
% hObject    handle to edit1 (see GCBO)
% eventdata  reserved - to be defined in a future version of MATLAB
% handles    empty - handles not created until after all CreateFcns called

% Hint: edit controls usually have a white background on Windows.
```

```matlab
%        See ISPC and COMPUTER.
if ispc && isequal(get(hObject,'BackgroundColor'),
get(0,'defaultUicontrolBackgroundColor'))
    set(hObject,'BackgroundColor','white');
end




function edit2_Callback(hObject, eventdata, handles)
% hObject    handle to edit2 (see GCBO)
% eventdata  reserved - to be defined in a future version of MATLAB
% handles    structure with handles and user data (see GUIDATA)

% Hints: get(hObject,'String') returns contents of edit2 as text
%        str2double(get(hObject,'String')) returns contents of edit2 as a
double


% --- Executes during object creation, after setting all properties.
function edit2_CreateFcn(hObject, eventdata, handles)
% hObject    handle to edit2 (see GCBO)
% eventdata  reserved - to be defined in a future version of MATLAB
% handles    empty - handles not created until after all CreateFcns called

% Hint: edit controls usually have a white background on Windows.
%        See ISPC and COMPUTER.
if ispc && isequal(get(hObject,'BackgroundColor'),
get(0,'defaultUicontrolBackgroundColor'))
    set(hObject,'BackgroundColor','white');
end




function edit3_Callback(hObject, eventdata, handles)
% hObject    handle to edit3 (see GCBO)
% eventdata  reserved - to be defined in a future version of MATLAB
% handles    structure with handles and user data (see GUIDATA)

% Hints: get(hObject,'String') returns contents of edit3 as text
%        str2double(get(hObject,'String')) returns contents of edit3 as a
double


% --- Executes during object creation, after setting all properties.
function edit3_CreateFcn(hObject, eventdata, handles)
% hObject    handle to edit3 (see GCBO)
% eventdata  reserved - to be defined in a future version of MATLAB
% handles    empty - handles not created until after all CreateFcns called

% Hint: edit controls usually have a white background on Windows.
%        See ISPC and COMPUTER.
if ispc && isequal(get(hObject,'BackgroundColor'),
get(0,'defaultUicontrolBackgroundColor'))
    set(hObject,'BackgroundColor','white');
end


% --- Executes on button press in pushbutton1.
```

50

```
function pushbutton1_Callback(hObject, eventdata, handles)
% hObject     handle to pushbutton1 (see GCBO)
% eventdata   reserved - to be defined in a future version of MATLAB
% handles     structure with handles and user data (see GUIDATA)
L=str2num(get(handles.edit1,'String'));
D_min=str2num(get(handles.edit2,'String'));
D_max=str2num(get(handles.edit3,'String'));
P_max=str2num(get(handles.edit4,'String'));
P_min=str2num(get(handles.edit5,'String'));
save 'P_max.mat' 'P_max'
save 'P_min.mat' 'P_min'

focale_droite_rgb=[5 5.11 5.81 6.83 8.13 9.82 12.13 15.59 20.21 27.09
31.53];%focales droites
focale_gauche_rgb=[4.99 5.11 5.83 6.88 8.14 9.86 12.26 15.62 21.08 27.11
31.7];%focales gauches

D100d= (focale_droite_rgb/1000) * (L + (5.8/1000)) / (5.8/1000);
D100g= (focale_gauche_rgb/1000) * (L + (5.8/1000)) / (5.8/1000);

D95d= (focale_droite_rgb/1000) * (L + ((5.8/1000) * 0.95)) / ((5.8/1000) *
0.95);
D95g= (focale_gauche_rgb/1000) * (L + ((5.8/1000) * 0.95)) / ((5.8/1000) *
0.95);

D90d= (focale_droite_rgb/1000) * (L + ((5.8/1000) * 0.9)) / ((5.8/1000) *
0.9);
D90g= (focale_gauche_rgb/1000) * (L + ((5.8/1000) * 0.9)) / ((5.8/1000) *
0.9);

D85d= (focale_droite_rgb/1000) * (L + ((5.8/1000) * 0.85)) / ((5.8/1000) *
0.85);
D85g= (focale_gauche_rgb/1000) * (L + ((5.8/1000) * 0.85)) / ((5.8/1000) *
0.85);

D80d= (focale_droite_rgb/1000) * (L + ((5.8/1000) * 0.8)) / ((5.8/1000) *
0.8);
D80g= (focale_gauche_rgb/1000) * (L + ((5.8/1000) * 0.8)) / ((5.8/1000) *
0.8);

D75d= (focale_droite_rgb/1000) * (L + ((5.8/1000) * 0.75)) / ((5.8/1000) *
0.75);
D75g= (focale_gauche_rgb/1000) * (L + ((5.8/1000) * 0.75)) / ((5.8/1000) *
0.75);

D70d= (focale_droite_rgb/1000) * (L + ((5.8/1000) * 0.7)) / ((5.8/1000) *
0.7);
D70g= (focale_gauche_rgb/1000) * (L + ((5.8/1000) * 0.7)) / ((5.8/1000) *
0.7);

D65d= (focale_droite_rgb/1000) * (L + ((5.8/1000) * 0.65)) / ((5.8/1000) *
0.65);
D65g= (focale_gauche_rgb/1000) * (L + ((5.8/1000) * 0.65)) / ((5.8/1000) *
0.65);

D60d= (focale_droite_rgb/1000) * (L + ((5.8/1000) * 0.6)) / ((5.8/1000) *
0.6);
D60g= (focale_gauche_rgb/1000) * (L + ((5.8/1000) * 0.6)) / ((5.8/1000) *
0.6);
```

```matlab
D55d= (focale_droite_rgb/1000) * (L + ((5.8/1000) * 0.55)) / ((5.8/1000) *
0.55);
D55g= (focale_gauche_rgb/1000) * (L + ((5.8/1000) * 0.55)) / ((5.8/1000) *
0.55);

D50d= (focale_droite_rgb/1000) * (L + ((5.8/1000) * 0.50)) / ((5.8/1000) *
0.50);
D50g= (focale_gauche_rgb/1000) * (L + ((5.8/1000) * 0.50)) / ((5.8/1000) *
0.50);

D45d= (focale_droite_rgb/1000) * (L + ((5.8/1000) * 0.45)) / ((5.8/1000) *
0.45);
D45g= (focale_gauche_rgb/1000) * (L + ((5.8/1000) * 0.45)) / ((5.8/1000) *
0.45);

D40d= (focale_droite_rgb/1000) * (L + ((5.8/1000) * 0.4)) / ((5.8/1000) *
0.4);
D40g= (focale_gauche_rgb/1000) * (L + ((5.8/1000) * 0.4)) / ((5.8/1000) *
0.4);

D35d= (focale_droite_rgb/1000) * (L + ((5.8/1000) * 0.35)) / ((5.8/1000) *
0.35);
D35g= (focale_gauche_rgb/1000) * (L + ((5.8/1000) * 0.35)) / ((5.8/1000) *
0.35);

D30d= (focale_droite_rgb/1000) * (L + ((5.8/1000) * 0.3)) / ((5.8/1000) *
0.3);
D30g= (focale_gauche_rgb/1000) * (L + ((5.8/1000) * 0.3)) / ((5.8/1000) *
0.3);

eval(['dmaxd=D' num2str(P_max) 'd;'])
eval(['dmaxg=D' num2str(P_max) 'g;'])
eval(['dmind=D' num2str(P_min) 'd;'])
eval(['dming=D' num2str(P_min) 'g;'])

delete('i_d_max.mat','i_g_max.mat');
for i=1:11
if (dmaxd(i)>D_min)&&(dmaxd(i)<D_max)
i_d_max=i-1;
save 'i_d_max.mat' 'i_d_max' '-ascii' '-append'
end
if (dmaxg(i)>D_min)&&(dmaxg(i)<D_max)
i_g_max=i-1;
save 'i_g_max.mat' 'i_g_max' '-ascii' '-append'
end
end

delete('i_d_min.mat','i_g_min.mat');
for i=1:11
if (dmind(i)>D_min)&&(dmind(i)<D_max)
i_d_min=i-1;
save 'i_d_min.mat' 'i_d_min' '-ascii' '-append'
end
if (dming(i)>D_min)&&(dming(i)<D_max)
i_g_min=i-1;
save 'i_g_min.mat' 'i_g_min' '-ascii' '-append'
end
end
```

```
pourcent=[P_min:5:P_max];

zid=[D30d' D35d' D40d' D45d' D50d' D55d' D60d' D65d' D70d' D75d' D80d'
D85d' D90d' D95d' D100d'];
zig=[D30g' D35g' D40g' D45g' D50g' D55g' D60g' D65g' D70g' D75g' D80g'
D85g' D90g' D95g' D100g'];

a=30:5:100;
axes(handles.axes2)
plot(handles.axes2,zig(11,find(a>=P_min&a<=P_max)),pourcent,'-
bs',zig(10,find(a>=P_min&a<=P_max)),...
    pourcent,'-ro',zig(9,find(a>=P_min&a<=P_max)),pourcent,'-
bo',zig(8,find(a>=P_min&a<=P_max)),pourcent,'-go'...
    ,zig(7,find(a>=P_min&a<=P_max)),pourcent,'-
ks',zig(6,find(a>=P_min&a<=P_max)),pourcent,'-bs',...
    zig(5,find(a>=P_min&a<=P_max)),pourcent,'-
bs',zig(4,find(a>=P_min&a<=P_max)),pourcent,'-ro'...
    ,zig(3,find(a>=P_min&a<=P_max)),pourcent,'-
bo',zig(2,find(a>=P_min&a<=P_max)),pourcent,'-ks',...
    zid(1,find(a>=P_min&a<=P_max)),pourcent,'-bo')...
    ,title(strcat('Feu de largeur ',num2str(L),' m ,caméra
N°11210334')'));
xlabel('Distance camera-feu (m)')
ylabel('Pourcentage de largeur occupée (%)')
axis([D_min D_max (P_min -5) (P_max +5)]);
grid on
datacursormode on
text(zig(3,find(a==P_min)),(P_min -1),'z2')
text(zig(4,find(a==P_min)),(P_min -1),'z3')
text(zig(6,find(a==P_min)),(P_min -1),'z5')
text(zig(7,find(a==P_min)),(P_min -1),'z6')
text(zig(8,find(a==P_min)),(P_min -1),'z7')


axes(handles.axes3)
plot(handles.axes3,zid(11,find(a>=P_min&a<=P_max)),pourcent,'-
bs',zid(10,find(a>=P_min&a<=P_max)),...
    pourcent,'-ro',zid(9,find(a>=P_min&a<=P_max)),pourcent,'-
bo',zid(8,find(a>=P_min&a<=P_max)),pourcent,'-go'...
    ,zid(7,find(a>=P_min&a<=P_max)),pourcent,'-
ks',zid(6,find(a>=P_min&a<=P_max)),pourcent,'-bs',...
    zid(5,find(a>=P_min&a<=P_max)),pourcent,'-
bs',zid(4,find(a>=P_min&a<=P_max)),pourcent,'-ro'...
    ,zid(3,find(a>=P_min&a<=P_max)),pourcent,'-
bo',zid(2,find(a>=P_min&a<=P_max)),pourcent,'-ks',...
    zid(1,find(a>=P_min&a<=P_max)),pourcent,'-bo')...
    ,title(strcat('Feu de largeur ',num2str(L),' m ,caméra
N°11210337')'));
xlabel('Distance camera-feu (m)')
ylabel('Pourcentage de largeur occupée (%)')
axis([D_min D_max (P_min -5) (P_max +5)]);
grid on
datacursormode on
text(zid(3,find(a==P_min)),(P_min -1),'z2')
text(zid(4,find(a==P_min)),(P_min -1),'z3')
text(zid(6,find(a==P_min)),(P_min -1),'z5')
text(zid(7,find(a==P_min)),(P_min -1),'z6')
text(zid(8,find(a==P_min)),(P_min -1),'z7')

% --- Executes on button press in pushbutton3.
```

```
function pushbutton3_Callback(hObject, eventdata, handles)
% hObject      handle to pushbutton3 (see GCBO)
% eventdata    reserved - to be defined in a future version of MATLAB
% handles      structure with handles and user data (see GUIDATA)
pilotage_zoom_avance

% --- Executes on button press in pushbutton4.
function pushbutton4_Callback(hObject, eventdata, handles)
% hObject      handle to pushbutton4 (see GCBO)
% eventdata    reserved - to be defined in a future version of MATLAB
% handles      structure with handles and user data (see GUIDATA)
pilotage_zoom_recul


% --- Executes during object creation, after setting all properties.
function figure1_CreateFcn(hObject, eventdata, handles)
% hObject      handle to figure1 (see GCBO)
% eventdata    reserved - to be defined in a future version of MATLAB
% handles      empty - handles not created until after all CreateFcns called

set(figure1, 'Units', 'Normalized', 'OuterPosition', [0 0 1 1]);



function edit4_Callback(hObject, eventdata, handles)
% hObject      handle to edit4 (see GCBO)
% eventdata    reserved - to be defined in a future version of MATLAB
% handles      structure with handles and user data (see GUIDATA)

% Hints: get(hObject,'String') returns contents of edit4 as text
%        str2double(get(hObject,'String')) returns contents of edit4 as a
double


% --- Executes during object creation, after setting all properties.
function edit4_CreateFcn(hObject, eventdata, handles)
% hObject      handle to edit4 (see GCBO)
% eventdata    reserved - to be defined in a future version of MATLAB
% handles      empty - handles not created until after all CreateFcns called

% Hint: edit controls usually have a white background on Windows.
%       See ISPC and COMPUTER.
if ispc && isequal(get(hObject,'BackgroundColor'),
get(0,'defaultUicontrolBackgroundColor'))
    set(hObject,'BackgroundColor','white');
end

function edit5_Callback(hObject, eventdata, handles)
% hObject      handle to edit5 (see GCBO)
% eventdata    reserved - to be defined in a future version of MATLAB
% handles      structure with handles and user data (see GUIDATA)

% Hints: get(hObject,'String') returns contents of edit5 as text
%        str2double(get(hObject,'String')) returns contents of edit5 as a
double


% --- Executes during object creation, after setting all properties.
```

```
function edit5_CreateFcn(hObject, eventdata, handles)
% hObject     handle to edit5 (see GCBO)
% eventdata   reserved - to be defined in a future version of MATLAB
% handles     empty - handles not created until after all CreateFcns called

% Hint: edit controls usually have a white background on Windows.
%       See ISPC and COMPUTER.
if ispc && isequal(get(hObject,'BackgroundColor'),
get(0,'defaultUicontrolBackgroundColor'))
    set(hObject,'BackgroundColor','white');
end



% --- Executes on button press in pushbutton5.
function pushbutton5_Callback(hObject, eventdata, handles)
% hObject     handle to pushbutton5 (see GCBO)
% eventdata   reserved - to be defined in a future version of MATLAB
% handles     structure with handles and user data (see GUIDATA)
imaqtool
```

Programme de pilotage de zoom pour un feu qui avance :

```
%Ce programme pilote le zoom des caméras(quand le feu avance) à partir du
pourcentage qu'occupe
%la largeur du feu dans l'image acquise...dans ce programme il y a une
%partie pour le calcul du pourcentage.. cette partie se fait manuelement
%par l'utilisateur et peut être remplacée par une partie automatique
%(segmentation)..la première partie est la partie où on définit les
%differents parametres.. où on enregistre les images..
%%
%Programmé par : AMRI YOUSSEF
%%
delete('percent', 'pourcent.mat');
vid = videoinput('tisimaq', 1, 'BY8 (1024x768)');    %vérification de la présence
de la camera (disponibilité de la camera)
vid1 = videoinput('tisimaq', 2, 'BY8 (1024x768)');

src = getselectedsource(vid);                        %sélection de la camera en
question
src1 = getselectedsource(vid1);

load('i_g_max.mat','-ascii')                         % chargement des valeurs de
zoom à piloter pour les caméras
load('i_d_max.mat','-ascii')
load('i_d_min.mat','-ascii')
load('i_g_min.mat','-ascii')

src.Trigger = 'Enable';                              % activation du trigger
vid.FramesPerTrigger = 1;                            %nombre de frame par signal
du trigger
vid.ReturnedColorspace = 'rgb';                      % définition de l'espace
couleur
src.FrameRate = ' 3.75';                             % nombre de photo par
seconde (fps)
src.Iris = 2400;                                     % valeur max du diaphragme
src.Zoom =min(i_g_min);                             % valeur du zoom initial
```

```matlab
src.Focus = 370;                              % valeur du focus pour une
image nette à l'infini
vid.TriggerRepeat = 1;                        %nombre d'image à acquerir
pour un signal du trigger


src1.Trigger = 'Enable';                      % activation du trigger
vid1.FramesPerTrigger = 1;                    %nombre de frame par signal
du trigger
vid1.ReturnedColorspace = 'rgb';             % définition de l'espace
couleur
src1.FrameRate = ' 3.75';                     % nombre de photo par
seconde (fps)
src1.Iris = 2400;                            % valeur max du diaphragme
src1.Zoom = min(i_d_min);                     % valeur du zoom initial
src1.Focus = 370;                            % valeur du focus pour une
image nette à l'infini
vid1.TriggerRepeat =1;                        %nombre d'image à acquerir
pour un signal du trigger

n=src1.Zoom;                                  %n sera la variable qui aura
la valeur du zoom
save 'n' 'n'

preview(vid1);                               % pour afficher la video
preview(vid);
[filename, pathname] = uiputfile;            % fenetre d'enregistrement
pour le choix du nom du
%répéertoire d'enregistrement ainsi que l'emplacement
mkdir(pathname, filename);                    %création du répertoire

start(vid);                                  %demarrage de l'acquisition
start(vid1);
for i = 1:vid.TriggerRepeat                   %boucle pour enregistrer les
images à chque acquisition
    [im1,time1,abstime1] = getdata(vid);      %extraction des frames ainsi
que le temps d'extraction
    [im2,time2,abstime2] = getdata(vid1);


imwrite(im1,strcat(pathname,filename,'\','cam_G_11210334','_',num2str(i),'_',...
        num2str(abstime1.AbsTime(4)),'-',num2str(abstime1.AbsTime(5)),'-',...
        num2str(abstime1.AbsTime(6)),'.jpg'));        %enregistrement des image
dans le repertoire voulu avec l'heure d'acquisition

    imwrite(im2,strcat(pathname,filename,'\','cam_D_11210337','_',...
        num2str(i),'_',num2str(abstime2.AbsTime(4)),'-
',num2str(abstime2.AbsTime(5)),...
        '-',num2str(abstime2.AbsTime(6)),'.jpg'));
end

clear im1                                     %vider la memoire des
cameras
clear im2

%%%%%%%%%%%%%%%%%%%%%%%%%%% Partie calcul du pourcentage (à remplacer par la
segmentation Ligne 70)%%%%%%%%%%%%%%%%%%%%%%%%%

chemin=fullfile(pathname,filename);          %definition du chemin pour
```

```
aller aurepertoire où les images sont enregistrées
list=dir(chemin);                                  %lister les fichiers
présents dans le repertoire
for i=3:size(list,1)                               %boucle pour parcourir le
repertoire
    im=imread(fullfile(chemin,list(i).name));      %lecture des images
    figure,imshow(im);                             %affichage des images
    for j=1:2                                       %boucle pour le calcul du
pourcentage de largeur occupé
        [x(j) y(j)]=ginput(1);                     %pointage des extremités de
l'objet sur l'image
    end
    diff=abs(x(1)-x(2));                           %calcul de la différence en
pixel
    pourcent=diff*100/1024;                        %calcul du pourcentage
    save 'pourcent.mat' 'pourcent' '-ascii' '-append'
    load ('pourcent.mat','-ascii')
    percent=max(max(pourcent));                    %selection du maximum dans
le cas où l'objet dépasse un bord de l'image
    save 'percent' 'percent'                       %enregistrement du
pourcentage
end

%%%%%%%%%%%%%%création des sous répertoires%%%%%%%%%%%%%%%%%%%%%%

pathname= strcat(pathname,filename);               %definir le chemin pour la
creation des sous répertoires
for i=0:15                                          %boucle de création des
sous repertoire
    mkdir(pathname,strcat('zoom',num2str(i)))
end

%%%%%%%%%%%%%%%%%%%%%%%%%%%Pilotage du zoom%%%%%%%%%%%%%%%%%%%%%%%%

while (n<=max(i_d_max))                             %condition d'arret de la
boucle while
    load n                                          %chargement de la
valeur du zoom pour le pilotage
    src1.Zoom = n;
    src.Zoom = n;

    start(vid);                                     %demarrage de l'acquisition
    start(vid1);

    for i = 1:vid.TriggerRepeat                     %boucle pour enregistrer
les images à chque acquisition
        [im1,time1,abstime1]  = getdata(vid);       %recuperation de l'heure
d'acquisition pour l'enregistrement
        [im2,time2,abstime2] = getdata(vid1);

        imwrite(im1,strcat(pathname,'\',strcat('zoom',num2str(n)),...

'\','cam_G_11210334','_',num2str(i),'_',num2str(abstime1.AbsTime(4)),...
            '-',num2str(abstime1.AbsTime(5))),'-
',num2str(abstime1.AbsTime(6)),'.jpg'));

        imwrite(im2,strcat(pathname,'\',strcat('zoom',num2str(n)),'\',...
            'cam_D_11210337','_',num2str(i),'_',num2str(abstime2.AbsTime(4)),'-
',...
            num2str(abstime2.AbsTime(5)),'-
```

```
',num2str(abstime2.AbsTime(6)),'.jpg'));

    end

    chemin=fullfile(pathname,strcat('zoom',num2str(n)));
    list=dir(chemin);
    delete('percent','pourcent.mat');

    for i=1:2
        figure(i+2),eval(['imshow(im' num2str(i) ');']);
        for j=1:2
            [x(j) y(j)]=ginput(1);
        end
        diff=abs(x(1)-x(2));
        pourcent=diff*100/1024;
        save 'pourcent.mat' 'pourcent' '-ascii' '-append'

    end
        load ('pourcent.mat','-ascii')
        percent=max(max(pourcent));
        save 'percent' 'percent'

    load ('percent')
    load 'P_min.mat'
    if(percent<P_min)
        n=n+1;
        save 'n' 'n'
    else
        n;
        save 'n' 'n'
    end
    clear im1
    clear im2
end
```

Programme de pilotage du zoom pour un feu qui recule :

```
%Ce programme pilote le zoom des caméras(quand le feu recule) à partir du
pourcentage qu'occupe
%la largeur du feu dans l'image acquise...dans ce programme il y a une
%partie pour le calcul du pourcentage.. cette partie se fait manuellement
%par l'utilisateur et peut être remplacée par une partie automatique
% (segmentation)..la première partie est la partie où on définit les
%differents parametres.. où on enregistre les images..
%%
%Programmé par : AMRI YOUSSEF
%%
delete('percent', 'pourcent.mat');
vid = videoinput('tisimaq', 1, 'BY8 (1024x768)');    %vérification de la présence
de la camera (disponibilité de la camera)
vid1 = videoinput('tisimaq', 2, 'BY8 (1024x768)');

src = getselectedsource(vid);                        %sélection de la camera en
question
src1 = getselectedsource(vid1);

load('i_g_max.mat','-ascii')                         % chargement des valeurs de
zoom à piloter pour les caméras
```

```matlab
load('i_d_max.mat','-ascii')
load('i_d_min.mat','-ascii')
load('i_g_min.mat','-ascii')

src.Trigger = 'Enable';                          % activation du trigger
vid.FramesPerTrigger = 1;                        %nombre de frame par signal
du trigger
vid.ReturnedColorspace = 'rgb';                  % définition de l'espace
couleur
src.FrameRate = ' 3.75';                         % nombre de photo par
seconde (fps)
src.Iris = 2400;                                 % valeur max du diaphragme
src.Zoom =max(i_g_max);                          % valeur du zoom initial
src.Focus = 370;                                 % valeur du focus pour une
image nette à l'infini
vid.TriggerRepeat = 1;                           %nombre d'image à acquerir
pour un signal du trigger

 src1.Trigger = 'Enable';                        % activation du trigger
vid1.FramesPerTrigger = 1;                       %nombre de frame par signal
du trigger
vid1.ReturnedColorspace = 'rgb';                 % définition de l'espace
couleur
src1.FrameRate = ' 3.75';                        % nombre de photo par
seconde (fps)
src1.Iris = 2400;                                % valeur max du diaphragme
src1.Zoom = max(i_d_max);                        % valeur du zoom initial
src1.Focus = 370;                                % valeur du focus pour une
image nette à l'infini
vid1.TriggerRepeat =1;                           %nombre d'image à acquerir
pour un signal du trigger

n=src1.Zoom;
save 'n' 'n'

preview(vid1);                                   % pour afficher la video
preview(vid);
[filename, pathname] = uiputfile;                % fenetre d'enregistrement
pour le choix du nom du
                                                 %répéertoire
d'enregistrement ainsi que l'emplacement
mkdir(pathname, filename);                       %création du répertoire

start(vid);                                      %demarrage de l'acquisition
start(vid1);
for i = 1:vid.TriggerRepeat                      %boucle pour enregistrer les
images à chque acquisition
    [im1,time1,abstime1]  = getdata(vid);        %extraction des frames ainsi
que le temps d'extraction
    [im2,time2,abstime2] = getdata(vid1);


imwrite(im1,strcat(pathname,filename,'\','cam_G_11210334','_',num2str(i),'_',...
      num2str(abstime1.AbsTime(4)),'-',num2str(abstime1.AbsTime(5)),'-',...
      num2str(abstime1.AbsTime(6)),'.jpg'));     %enregistrement des image
dans le repertoire voulu avec l'heure d'acquisition

    imwrite(im2,strcat(pathname,filename,'\','cam_D_11210337','_',...
      num2str(i),'_',num2str(abstime2.AbsTime(4)),'-
',num2str(abstime2.AbsTime(5)),...
```

```matlab
                '-',num2str(abstime2.AbsTime(6)),'.jpg'));
end

clear im1                                       %vider la memoire des
cameras
clear im2

chemin=fullfile(pathname,filename);             %definition du chemin pour
aller aurepertoire où les images sont enregistrées
list=dir(chemin);                               %lister les fichiers
présents dans le repertoire
for i=3:size(list,1)                            %boucle pour parcourir le
repertoire
    im=imread(fullfile(chemin,list(i).name));   %lecture des images
    figure,imshow(im);                          %affichage des images
    for j=1:2                                    %boucle pour le calcul du
pourcentage de largeur occupé
        [x(j) y(j)]=ginput(1);                  %pointage des extremités de
l'objet sur l'image
    end
    diff=abs(x(1)-x(2));                         %calcul de la différence en
pixel
    pourcent=diff*100/1024;                      %calcul du pourcentage
    save 'pourcent.mat' 'pourcent' '-ascii' '-append'
    load ('pourcent.mat','-ascii')
    percent=max(max(pourcent));                 %selection du maximum dans
le cas où l'objet dépasse un bord de l'image
    save 'percent' 'percent'                    %enregistrement du
pourcentage
end

%%%%%%%%%%%%%%%création des sous répertoires%%%%%%%%%%%%%%%%%%%%%%%%

pathname= strcat(pathname,filename);            %definir le chemin pour la
creation des sous répertoires
for i=0:15                                      %boucle de création des
sous repertoire
    mkdir(pathname,strcat('zoom',num2str(i)))
end
 %%%%%%%%%%%%%%%%%%%%%%%%%%%%pilotage du zoom%%%%%%%%%%%%%%%%%%%%%%%
 while (n>=min(i_d_min))                         %condition d'arret de la
boucle while
load n
    src1.Zoom = n;
    src.Zoom = n;

    start(vid);                                 %demarrage de l'acquisition
    start(vid1);

    for i = 1:vid.TriggerRepeat                 %boucle pour enregistrer
les images à chque acquisition
        [im1,time1,abstime1]  = getdata(vid);
        [im2,time2,abstime2] = getdata(vid1);

        imwrite(im1,strcat(pathname,'\',strcat('zoom',num2str(n)),...
'\','cam_G_11210334','_',num2str(i),'_',num2str(abstime1.AbsTime(4)),...
            '-',num2str(abstime1.AbsTime(5)),'-
',num2str(abstime1.AbsTime(6)),'.jpg'));
```

```
         imwrite(im2,strcat(pathname,'\',strcat('zoom',num2str(n))),'\',...
              'cam_D_11210337','_',num2str(i),'_',num2str(abstime2.AbsTime(4)),'-
',...
              num2str(abstime2.AbsTime(5)),'-
',num2str(abstime2.AbsTime(6)),'.jpg'));

     end

     chemin=fullfile(pathname,strcat('zoom',num2str(n)));
     list=dir(chemin);
     delete('percent','pourcent.mat');
     for i=1:2
         figure(i+2),eval(['imshow(im' num2str(i) ');']);
         for j=1:2
             [x(j) y(j)]=ginput(1);
         end
         diff=abs(x(1)-x(2));
         pourcent=diff*100/1024;
         save 'pourcent.mat' 'pourcent' '-ascii' '-append'

     end
           load ('pourcent.mat','-ascii')
         percent=max(max(pourcent));
         save 'percent' 'percent'

     load ('percent')
     load 'P_max.mat'
     if(percent>P_max)
         n=n-1;
     save 'n' 'n'
     else
         n;
         save 'n' 'n'
     end
       clear im1
     clear im2
end
```

www.ingramcontent.com/pod-product-compliance
Lightning Source LLC
LaVergne TN
LVHW042348060326
832902LV00006B/463